続　湘南のお地蔵さま

中島　淳一

目次

（1）

埋《うも》れ木《ぎ》地蔵

鎌倉市
稲村ガ崎

江ノ電稲村ヶ崎駅から線路沿いに藤沢方面へ戻り、老人ホーム「鎌倉静養館」横の踏切を渡って、この建物沿いに左折する。

百メートル程行った左側にある、道路とほぼ平行な狭い石段を登ると、小さなお堂の中に仲良く並んだ三体の埋れ木地蔵と出会う。仏像の世界で、「埋木地蔵」といえば、京都広隆寺に安置される平安時代前期の地蔵菩薩立像が有名だが、古来よりその霊験あらたかなることで知られたお地蔵さまである。

同じ名前でここ鎌倉に祀られるこのお地蔵さまは、三体とも同じ現代作家の作品のようだが、そっと目を閉じ、優しく合掌し、中には首を少し傾げ、微笑んでいるお地蔵さまもいらっしゃる。それぞれ大きさや形の違う三本の埋れ木から、お体だけでなく、慈悲の光（光背）

も含めお地蔵さまの姿を彫出する技量は、お地蔵さまの心に寄り添うことのできたものだけの特権であろう。

このお地蔵さまのすぐ隣の建物は「鎌倉不識庵」といい、臨済宗の僧侶で、精進料理を一般の家庭に広めた故藤井宗哲氏の料理塾で、現在はその奥様と娘さんが、宗哲氏の志を引き継いでいる。

また、すぐ近くには近代日本の代表的な哲学者である西田幾太郎が住んでいた建物「寸志荘」(外部からの見学のみ可)もあり、文化の香り漂う鎌倉らしい静かな谷戸である。

交通　江ノ電稲村ヶ崎駅より　徒歩一〇分

(2)

愛の地蔵尊

大磯町
虫　窪

今回紹介するお地蔵さまは、その名も「愛の地蔵尊」。安置される場所は、「湘南」という地名発祥の地といわれる大磯町の虫窪という地区である。

大磯といえば海のイメージが強いところだが、この地蔵尊の安置される辺りは高台で富士見平と呼ばれ、その名の通りミカン畑越しに富士山がとても美しく眺められる場所である。

このセンセーショナルな名前を持つお地蔵さまには、次のような話が伝わる。

江戸時代、お伊勢参りに行ったある村の三人の男性がお参りを無事済ませ、帰りの道で大井川の川止めにあった。しかし川止めは何日も続き、若妻を村に残してきた一人の若者は耐え切れず、掟を破り川を

渡り始めたが、濁流に呑み込まれてしまった。

数日後、村に帰った二人の男性はその若妻に本当のことが言えず、川止めの止むのを待てず、伊豆を廻って大磯の浜に船で帰ると言っていたと伝えた。若妻は、来る日も来る日も海の見える台地で夫を待ったが思いはかなわず心乱れ、家に帰らずこの地をさまよう身となった。

後の時代に、この話に感動した一人の女性が私費を投じてここに愛の地蔵尊を建立し、この若妻を供養したという。

この地は「泣きの原」とも呼ばれ、若妻の美しい心を今に、そして未来に伝えている。（「富士見平」に行くバスの本数は少ないので注意）

交通　ＪＲ二宮駅北口より　神奈中バス
「富士見平」下車　徒歩一分

(3)

石のマリア地蔵

大磯町
大　磯

大磯駅の改札を出ると快い潮の香りが漂い、なぜか懐かしい駅に降り立ったような気がする。

その駅前には、緑の樹々に囲まれた小高い丘があり、故澤田美喜夫人が創始した児童養護施設エリザベス・サンダース・ホームがある。同じ丘の上に、夫人の生前の遺志により建設された澤田美喜記念館があり、熱心なクリスチャンだった夫人が生前蒐《しゅう》集《しゅう》した隠れキリシタン関係の貴重な資料が数多く展示されている。

その中には、キリシタン弾圧の嵐を逃れるため、仏像の姿を隠れ蓑に、キリスト教を信仰した人々の遺品も展示されているが、その中に今回紹介する石のマリア地蔵がある。

唇と額中央に紅をさし、上品な面差しで合掌する、丸みを帯びた女

性らしい体型のお地蔵さまで、背面には大きな十字が刻まれ、隠れキリシタンの遺品であることがわかる。

小さな像ではあるが、その前に跪き命を代償に信仰を貫いた人々のことを思うと、宗教の壁を越えて、慈悲の心ですべての人々を救おうとするマリア地蔵の強い思いが、十字架を背負うキリストの姿と重なった。（記念館の開館状況は要確認）

（澤田美喜記念館所蔵）

交通　ＪＲ大磯駅より　徒歩五分

（4）

ジゾースさま

大磯町 大磯

今回登場するお地蔵さまも、以前紹介した澤田美喜記念館所蔵の隠れキリシタン関連の遺品である。その名を「ジゾースさま」という。

戦国時代に北九州で活躍したキリシタン大名大友宗麟が所有していたと伝わる像で、姿はお地蔵さまであるが、胸には大きな十字架、そして左右の掌の穴と、着物に表わされる文様のような三つの穴は釘の跡を表わすといわれ、この像がキリスト像であることを示している。

像高二二・七センチ、素材は銅で、その上に黒漆がかけられている。「ジーザス」に近い名前で呼ばれているが、額に仏像の特徴である白毫《びゃくごう》を表し、着衣の裾の表現や手の印相《いんぞう》も立ち姿の仏さまの特徴と酷似している。

この像を記念館で初めて拝した時、その存在感に圧倒され、私のイ

（澤田美喜記念館所蔵）

メージするお地蔵さまの姿はそこに見出せなかった。しかし像の特徴を細かく見ていくと、人々の罪を背負いつつ命を落としたキリストの姿は、慈悲深いお地蔵さまの姿そのものであることを確信した。

この澤田美喜記念館は小さな展示室と礼拝堂から成るが、そこには遠藤周作の「沈黙」の世界を彷彿とさせる厳しさと、ママちゃまと呼ばれた夫人のやさしさが共存する、世界に誇れる施設である。ぜひゆっくりと訪れてほしい。（記念館の開館状況は要確認）

交通　ＪＲ大磯駅より　徒歩五分

（5）

あごなし地蔵

茅ヶ崎市
浜之郷

バスで茅ヶ崎駅北口を出て鶴嶺小学校前で降りる。少し戻って鶴嶺八幡宮の参道を進むと、社殿前の樹齢約九五〇年といわれる大銀杏の幹の太さに驚く。

社殿東側には鶴嶺八幡宮との関係も深かった名刹曹洞宗龍前院の参道があり、その本堂手前左側に二体のお地蔵さまが祀られ、向かって左側が今回紹介するあごなし地蔵である。

私も初めて耳にする名前だが、調べるうちに、平安時代の学者で歌人（小倉百人一首にも歌あり）の小野篁《おののたかむら》に由来することがわかった。

小野篁は、遣唐副使に任ぜられたが、同行する大使と対立したことが原因で隠岐島に流された。そこで阿古那という娘と恋に落ちたが、その母が歯痛で苦しんでいるのを知り、自ら地蔵を彫って念じたとこ

ろ歯痛は治ったという。

その像は阿古那地蔵と呼ばれたが、いつしか「阿古那」が「あごなし」となり、歯痛など口に関する病を治す地蔵として、その信仰が全国的に広まったようである。

龍前院のあごなし地蔵は右手に錫杖、左手に宝珠を持ち、天保十四年（一八四三）に建立され、今も信仰されているという。

その光背に刻まれる「口中一切除病」の文字に、最近冷たいものが歯にしみる私としては、心込めつつ「南無地蔵」と手を合わせたことは言うまでもない。

交通　JR茅ヶ崎駅北口より　神奈中バス「鶴嶺小学校前」下車　徒歩一〇分

（6）

切通しの身代り地蔵

大磯町
国府本郷

大磯駅からバスに乗り、城山《じょうやま》公園前で降りると、すぐ近くに平成二十九年四月に開館した旧吉田茂邸へ続く公園の正門がある。さらに二宮方面へ少し進むと、道路の反対側に、檀家を持たず地元と共に歩む寺をめざす浄土宗西長院がある。

今回のお地蔵さまは、以前この辺りにあった切通しに祀られていたことから「切通しの身代り地蔵」と呼ばれ、今はこの寺の本尊として本堂奥に祀られている。

この石造りの像には次のような伝説が残っている。鎌倉時代の武将梶原景時の部下に悪太郎という名の武士がいたが、その名前と違い信心深く、日々このお地蔵さまにお参りしていた。ある時、鎌倉で源頼朝が狼藉に会う騒ぎがあり、悪太郎も犯人の一人とされ、普段通りこ

の地蔵を参拝中に襲われ、斬り殺されてしまった。ところが、しばらくすると息を吹き返し、体を見ても傷ひとつもない。驚いて目の前の地蔵を見ると、血がべっとりついて、刀で斬られていた。

この像は像高が一五〇センチあり、首と胸に継目がある。全体的に風化の跡がみられるが、量感に富み衣のひだも写実的で、鎌倉時代に作られた名品である。秘仏のため、年に三回（一・八・十月の各二十四日）参拝可能なので、鎌倉武士の愛した力強さみなぎるお地蔵さまと出会ってほしい。

交通　ＪＲ大磯駅より　神奈中バス
「城山公園前」下車　徒歩五分

（7）

袖切地蔵

二宮町
川匂

今回は小説「ガラスのうさぎ」の舞台にもなった二宮町を訪ねる。二宮駅南口からバスで国府津方面へ向かい、押切坂上で降りる。少し先を右折し、JRの線路を越えて六百メートルほど進むと、川勾《かわわ》神社の参道へ出る。この神社は千年以上の歴史を持つ由緒ある神社だが、その参道途中に袖切地蔵は安置される。

現在は平成二十九年に再建された小さなお堂の中に安置されるが、右手に錫杖、左手に宝珠を持つ通例のお姿で、四角い石柱より舟形光背、蓮台と共に彫出されている。目鼻立ちははっきりとしないが、袖の描線が印象的である。

袖切地蔵は〝袖もぎさん〟とも呼ばれ、中国・四国地方を中心に路傍の「神」として民間信仰のかたちで伝承されており、袖切坂など地

名として残る例もある。二宮町の袖切地蔵が祀られる切通しはかつてデコボコ道で、子どもがよく転んだが、怪我もなく着物の袖が切れただけで良かったと、感謝の気持ちを込めて袖を切ってお地蔵さまに奉納したそうだ。

今は道路も舗装され子どもが転ぶこともなく、お地蔵さまも手持ち無沙汰のようだが、昔地域の人々がこの場所に袖切地蔵を祀った由来については、ぜひ子どもたちに伝えていってほしい。

交通　ＪＲ二宮駅南口より　神奈中バス「押切坂上」下車　徒歩一〇分

（8）

足下地蔵

小田原市
扇　町

今回は西湘のお地蔵さまを紹介する。小田原駅から大雄山線に乗り井細田《いさいだ》駅で降りる。東へ五分程行くと旧甲州街道に突き当たるが、さらに百メートル程南に行くと立派な地蔵堂にたどり着く。正式には法界山西光寺といい、本尊の木造地蔵菩薩（足下地蔵）と十王像などを祀る。

足下《あしさげ》地蔵の名は両足を組まず、左足を踏み下げる半跏《はんか》という仏さまの足の組み方に由来するが、この像は江戸初期に鎌倉仏師が作ったお地蔵さまで、当時の小田原城主の篤い信仰を受けたという話が今に伝わる。

またこの像は「はなとり地蔵」とも呼ばれ、人に代わって農耕馬の鼻の綱を上手に引っ張り、農作業を手伝ってくれたやさしいお地蔵さ

までもあるそうだ。
その胎内には同じお姿のお地蔵さまが安置され、三十年に一度御開帳されるそうである（前回は平成十三年八月）。
このお堂は普段は閉まっており、一月と八月の二十四日の祭礼の時に近くでお参りができる。また境内の湧水は延命水と呼ばれ、とても美味しい。
私は祭礼の日に参拝したが、役員の方々のやさしさにふれ、お地蔵さまに守られている「自信」を感じた。

交通　大雄山線井細田駅より　徒歩一〇分

（9）咳止地蔵

伊勢原市
下糟屋

伊勢原駅北口から東海大学病院の大きな建物をめざし、「市役所入口」の交差点をさらに三百メートル程進むと信号がある。そこを右折すると川沿いに小さなお堂があり、咳止地蔵が祀られる。下糟屋《しもかすや》というこの地は、信仰の道大山道のひとつ戸田道が通っていた。

お堂の中の石のお地蔵さまは胸前で合掌し、衣文の線や蓮台の蓮弁も簡潔かつ力強く表現されており、技量に長けた石工の作と思われる。なお蓮台はお体と一緒に彫出され、別材による塔身に座っている。江戸中期に再建されたようで、その表情は優しく穏やかだが、合掌する両手には、百日咳など病に苦しむ人々を遍《あまね》く救おうとする強い思いが感じられる。お地蔵さまではあるが、修行を重ねた高僧のようにも見える。

江戸時代に隆盛をみた大山詣での人々もこの像に参拝し願を掛けたのだろうが、現在も近隣の家でこの地蔵尊のお札を配っていることを耳にした。そのお札には「咳止橋地蔵大菩薩」とあり、以前ここに架かっていた「せきど橋」の名前に由来することがわかった。

今も五月五日の例祭には、法要や「振る舞い」があるとのこと。これからも地域とお地蔵さまの絆がさらに深まることを祈りたい。

交通　小田急伊勢原駅北口より　徒歩一五分

(10)

火焚き地蔵

箱根町
芦之湯

以前、箱根町芦之湯の六道地蔵という元箱根石仏・石塔群を代表する大きな磨崖仏を紹介したが、今回は同じ石仏群に属する磨崖仏で、精進池のほとりに安置される火焚き地蔵である。

この芦之湯付近は往古より箱根越えの道として使われた湯坂道の最高地点で、街道一の難所であった。そのため冥土の入口といわれる賽の河原や、地獄へと続く特別な場所とされ、中世前期に特別な地蔵信仰の高揚があり、周辺の岩に地蔵菩薩を彫るなど庶民も含め自由な形での信仰の表現が可能だったようである。

この火焚き地蔵は高さ一二四センチの岩の面に、先に中央の像、少し後に小さな二体の地蔵菩薩を彫り出したもので、かつてこの地区では家族に亡くなった人があると、四十九日のうちにこの地蔵尊の前で送り火を焚き、死者の霊を山へ送る「浜降り」という風習があったことから火焚き地蔵の名がついたと伝わる。また地蔵尊の横に応長元年（一三一一）の造像願文が刻まれており、このことから別名応長地蔵とも呼ばれている。

日本を代表する観光地箱根に在りながら訪れる人もあまり無く、少し寂しそうな笑顔を私にだけ見せた、日本を代表する中世前期の

美しいお地蔵さまである。

交通　小田急箱根湯本駅より　箱根登山・伊豆箱根バス「六道地蔵」下車　徒歩三分

(11)

畠山地蔵

葉山町
長柄

バスで逗子駅を出て、隣接する葉山町の長柄交差点で降りる。東へ延びる広い道を逗葉新道方向へ二十分程歩き、川久保の交差点すぐ先を左に入ると真言宗仙光院がある。室町時代の創建と伝わる由緒ある寺で、十一面観音を本尊とする。

その本堂左側の小さなお堂の中に祀られているのが畠山地蔵《はたけやま》で、像高は一六五・五センチとほぼ等身大で、右手に錫杖、左手に宝珠を持つ。表情も理知的で全体のバランスもよく、衣文の流れも美しい鎌倉時代中期作の地蔵尊と考えられ、葉山町の重要文化財に指定されている。

このお地蔵さまは、近隣の長徳寺という寺に永く安置されていたが、廃仏毀釈《はいぶつきしゃく》の嵐や、度重なる火難・災害に翻弄され、平成十五年にこの

仙光院にたどり着いたのである。

葉山町は鎌倉時代初期の武将畠山重忠が、衣笠城の三浦一族を攻めるために築城したところと伝わるが、この畠山地蔵の名は、この像が重忠の念持仏であったことから名付けられたと言われている。

源頼朝に従い、その右腕とまで言われた名武将だが、最後は謀略により殺されたと伝わる。その実直さゆえの不幸に、お地蔵さまもさぞ、やるせない思いをしたことであろう…。

交通　ＪＲ逗子駅より　京急バス
「長柄交差点」下車　徒歩二五分

(12) 境地蔵

葉山町木古庭

逗子駅から衣笠駅行きのバスに乗り、二十五分程で大楠山登山口に着く。信号を渡ってそのまま緩やかな坂道を少し進むと、トタン屋根の小さなお堂に安置されるお地蔵さまに会える。

この葉山町木古庭《きこば》という地域は長屋門を持つ大きな旧家がいくつもあり、また中世にまで遡る石造物や史跡も点在する歴史の香り立つ場所である。このお地蔵さまも、葉山町と横須賀市とのちょうど境に祀られることから、横須賀市では「境地蔵」、葉山町ではこの地区の小字名から「やぶ地蔵」と呼ばれている。

お地蔵さまの前を通る道は、古代において「古東海道」(大昔の東海道はこの先の横須賀市走水から海路で千葉に続いていたそうである)中世には「鎌倉道」近世には「浦賀道」と呼ばれた重要な古道で、周

辺の小さな竹林や竹垣には、今もなおそれを納得させる雰囲気が残る。

江戸時代享保年間（一七一六〜三六）に建立されたお地蔵さまだが、長年にわたる風雨と、古道を往来する多くの人々の祈願成就に我が身を削ったためか、全身の傷みも目立ち、お顔も造り直され、またお体と蓮台との区別もつきにくい。しかし千年を超える古道の歴史を、土に還りつつある自らのお姿で語り伝えてほしい。

交通　ＪＲ逗子駅より　京急バス「大楠山登山口」下車　徒歩五分

(13)
河内地蔵

平塚市
河　内

平塚駅北口から十五分程でバス停山下団地前に着く。新道に面した大型ハンバーガー店の前でバスから降りると、優しいまなざしで出迎えてくれるのが、この地の名前を持つ河内《こうち》地蔵である。

右手に錫杖、左手に宝珠を持ち、左足を踏み下げる半跏趺坐《はんかふざ》の形をとる。お顔の後ろには立派な円光背を付け、蓮台・敷茄子《しきなす》まで同じ石から彫出しているが、衣文の流れは適確で、かつしなやかさも伴う。その凛々しい表情と考え合わせても、一流の石工の作であることがわかる。

この地蔵尊は江戸時代宝暦五年（一七五五）に、代々この地に居住する旧家の方が先祖の供養と、当時の河内村（江戸後期の記録では村の戸数は二十九戸）の繁栄、そして道行く人々に災いが起らぬように、

との願いで建立されたという。

ふつうお地蔵さまは人々が行き交う道に面して建立されることが多いが、何故かこの地蔵はそうではない。

その理由は、江戸時代この辺りに〝大磯道〟という主要道が通っており、その道との位置関係からではないかとも考えられている。

いつ参拝しても美しい花が飾られ、この地の名前を一身に背負うお地蔵さまへの愛着と感謝の気持ちを感じずにはいられない。

交通　ＪＲ平塚駅北口より　神奈中バス
「山下団地前」下車　徒歩一分

(14)

吉三地蔵

小田原市
本　町

小田原駅東口を出て大通りを南へ二十分程行くと、御幸《みゆき》の浜という美しい海岸に出る。その途中には城下町の名に相応しい風格ある商店が今も残り、「街かど博物館」の名で親しまれている。

その一角に曹洞宗徳常院がある。室町時代に海中より出現したという虚空蔵《こくうぞう》菩薩を本尊とし、白亜の本堂が目を引くが、その右手に立派な地蔵堂があり、吉三《きちざ》地蔵が安置される。正式には福徳延命地蔵と呼ばれ、像高が二・五メートルを超える銅製の大きな像で、右手に錫杖、左手に宝珠を持ち、円光背を付けて左足を踏み下げる姿のお地蔵さまである。

元々は元箱根の芦ノ湖畔に祀られていた。しかし明治維新の混乱によりこの浜まで運ばれたが、善良な人々の住むこの町と縁を結び、こ

こが安住の地となる。
　吉三地蔵の名は、あの八百屋お七の菩提を弔うために恋人吉三郎が建立したという伝承に由来するが、蓮台やお体に数多く残る刻銘から、正徳三年（一七一三）に江戸増上寺塔頭の僧侶の発願と多くの人々の浄財により、鋳物師太田正義（有名な江戸六地蔵と同じ作者）によって造像された。
　このお地蔵さまもお七と同様に関東大震災の時には猛火に包まれたが、変わらぬ姿を今に残す。そしてお七の吉三郎への燃ゆる思いも、この地蔵の尊名として今に残る。

交通　ＪＲ小田原駅より　箱根登山・伊豆箱根バス
「本町」下車　徒歩五分

(15)

白石地蔵

箱根町湯本

観光地箱根の玄関口箱根湯本駅を出てすぐ先のガードをくぐり、線路沿いに坂道を少し上ると、左側に白石《しらいし》地蔵が祀られている。山肌から彫り出した二メートル程もある磨崖仏である。

その名の由来ともなった通称「白石」というこの地域特有の地層は、約四十万年前に箱根火山が活動し始める前の時代のもので、元々は海底にあった白くて柔らかい地層が隆起し、標高約百メートルの箱根湯本に現れたものである。近代以降建材としても利用され、近隣の老舗旅館「萬翠楼福住」の外壁にも使われている。

この白石はその特性として彫刻しやすいが風雨には弱く、この地蔵尊も当初のお顔や手足の様子などは想像するしかないが、どっしりとした重量感と存在感は今でも参拝者を圧倒する。鎌倉時代に作られた

と考えられており、箱根町の文化財に指定されている。

「白石」という自然が生み出した地蔵尊ゆえ、夏は緑鮮やかな衣を、そして秋には紅葉の錦を身に纏う。その姿は四季の訪れに感謝し、感動する心を失った私たちに、我が身をもってその移ろいを伝えている。自然豊かな箱根の地にふさわしいお地蔵さまである。

交通　小田急箱根湯本駅より　徒歩五分

（16）

生き地蔵

大和市
下鶴間

今回紹介するお地蔵さまは、大和市下鶴間の「生き地蔵」。初めてその名を耳にした時は私もさすがに驚いたが、お会いすると、とてもやさしいお顔の石のお地蔵さまで正直ほっとした。

小田急線鶴間駅東口からバス停下鶴間に向かう。途中大通りを左折し狭い道に入るが、この道は東海道の脇街道でもある矢倉沢往還（大山街道）で、下鶴間はその宿場として栄え、江戸時代の有名な画家で蘭学者の渡辺崋山も天保二年（一八三一）この地に宿泊している。

バス停近くの高台に浄土宗の名刹鶴林寺《かくりんじ》があり、その本堂横にこの地蔵は祀られるが、この寺は室町時代末の永禄十二年（一五六九）に当地の代官であった瀬沼家（境内に一族の大きな墓所を持つ）により建立された。

生き地蔵の名の由来だが、瀬沼家の瀬沼崇信《たかのぶ》が俗人ながら仏道修行に励み、生きたまま地中に入り享和三年（一八〇三）に即身仏となった。その菩提を弔い、今も生きるが如く地中に眠ると伝わる崇信を供養するためこの地蔵尊が建立されたという。崇信には死後「権律師《ごんのりっし》」という僧侶の尊号が与えられた。暗闇の中で読経と共に静かに鈴《りん》を叩き、その音が途絶えた時に崇信は仏となった。生き地蔵のやさしいお顔は、仏となった崇信のお顔そのものなのであろう。

交通　小田急鶴間駅より　神奈中バス「下鶴間」下車　徒歩五分

(17) 寛子地蔵

小田原市
本　町

小田原駅東口から二十分程、御幸《みゆき》の浜近くの徳常院は以前「吉三地蔵」で登場した寺だが、ここにはもう一体悲劇の皇族を供養するお地蔵さまが安置される。その名を寛子《ひろこ》地蔵という。

寛子女王は江戸時代から続く四親王家のひとつ閑院宮《かんいんのみや》六代載仁《ことひと》親王の第四女王で、閑院宮家は小田原駅近くの天神山に明治三十九年から大きな別邸を持ち、家族で度々訪れていたが関東大震災にもここで遭遇し、女王は十七歳の若さで亡くなった。

この寛子地蔵は大震災から二十五年目にあたる昭和二十三年九月一日に、女王の兄七代春仁《はるひと》王（戦後皇籍を離脱し、元別邸であった敷地内の私邸に住んだ）が女王の供養のために遭難の地に建立した。春仁氏の死後、安住の地を求めていた寛子地蔵だが、偶然にも春仁氏と徳

常院の先々代の住職が地元の小田原中学校（現小田原高校）時代の同級生だった縁で、この寺に祀られることになったようである。青少年期の春仁王は健康上の理由から大正二年から十年までを小田原で過ごした。

境内の一画で上品な微笑みを浮かべる寛子地蔵。今は天国で、仲良しだった兄と一緒に小田原の美しい海を眺めていることだろう。

（寛子地蔵は境内左手の石仏群の中に安置される）

交通　ＪＲ小田原駅より　箱根登山・伊豆箱根バス
「本町」下車　徒歩五分

(18)

白地蔵

南足柄市
弘西寺

旧東海道に面した藤沢市城南に「おしゃれ地蔵」と呼ばれる石仏が祀られる。お顔に化粧をした愛らしいお姿だが、実はお地蔵さまではなく男女寄り添う双体の道祖神である。

同じように化粧地蔵の別名を持つお地蔵さまが、南足柄市の大雄山駅程近くに安置される。駅から内山・地蔵堂行きのバスに乗り、十分程の苅野駐在所で降りる（本数は少ない）。少し戻ると左側に石造物群があり、その中にお顔だけでなく、全身真っ白なお地蔵さま「白地蔵」が祀られる。

この地蔵尊は石の祠《ほこら》に納められ、安産と授乳に霊験あらたかだと伝えられる。願を掛け、願いが叶うとそのお礼にうどん粉（小麦粉）をお地蔵さまの全身に塗り付けるのである。この付近には化粧《けわい》坂という

古い地名も伝わり、この珍しい信仰がいにしえより続いていることを物語っている。

この辺りには奈良・平安時代より続く足柄古道が通っており、江戸時代には東海道の裏街道として賑わったようである。またこの足柄地方には金太郎伝説も伝わり、その母親もこの白地蔵に願を掛け、そのおかげであのように力持ちで元気な子が育ったのかもしれない。そんな物語を思い起こさせる、緑豊かな山間《やまあい》の地蔵の里である。

交通　大雄山線大雄山駅より　箱根登山バス「苅野駐在所」下車　徒歩二分

(19)

白金地蔵

伊勢原市
高　森

伊勢原駅北口よりバスに乗り成瀬中学校前で下車。二百メートル程手前の交番先でガード下の道へ降り、左に見える信号を左に入ると三体のお地蔵さま「白金地蔵」が仲良く並んでいる。

現在安置されるお地蔵さまは平成八年十一月に再建されたお像で、建立の由来については、この地の住人茂田半左ェ門が江戸時代の万延元年（一八六〇）に子宝に恵まれることを祈願し建立したと地蔵尊の傍らに書かれている。ただそれよりも古い文政十一年（一八二八）に同じ人物により建立された記録もあり、いずれにしても長い間地元の人々や多くの旅人に信仰されているお地蔵さまである。

この前を通る道は「矢倉沢道」、「大山道」と呼ばれる歴史ある道で、再建前の地蔵尊には道しるべの文字も刻まれていたようである。

白金地蔵の名前の由来は定かでないが、『新編相模国風土記稿』という江戸時代の地誌の中に、この地区の坂の名前として〝白金坂〟という名前があり、また今も〝白金〟という小字名も残ることから、これらに何か関係があるのかもしれない。

白金《プラチナ》の名前を冠に頂く三体のお地蔵さま。何度も移転を重ね厚志家の尽力でここを安住の地とする。今後は大山詣りの重要な道がここにあったことを、言葉なき語り部として伝えていってほしい。

交通　小田急伊勢原駅北口より　神奈中バス
「成瀬中学校前」下車　徒歩五分

（20）

亀井地蔵

逗子市逗子

逗子駅東口から逗子銀座を抜け左折し、逗子郵便局前の細い道を少し入ると亀井児童公園がある。平成十三年に市民と共に再整備を行った公園だが、その一角に公共の場所には珍しくお地蔵さまが祀られている。その名を亀井地蔵という。

この公園付近からは古墳時代後期（六世紀頃）の土器や中世の石造物、近世近代の墳墓遺跡が発見され、近くを流れる田越《たごえ》川周辺に多くの人々が住み、日々の生活や様々な人生儀礼を営んできたことを物語る。

由緒書によればこの地蔵尊は昭和五十九年四月に、この地に足跡を残した多くの人々の霊を供養するため地元の人々により建立されたという。大きく安定感のある蓮台の上に立ち、右手に錫杖、左手に宝珠

を持って優しい笑顔で公園を駆け回る子どもたちをいつも見守っている。
「亀井」とはこの地の旧地名。伝承では源義経の従者で、共に平泉で亡くなった四天王の一人亀井六郎の屋敷がこの地にあったことからこの名が付いたとも言われる。
今も商店街のお祭りでよく利用される小さな児童公園。そしてあたかもその主のごとく祀られる亀井地蔵は、本当は大好きな子どもたちと一緒に遊びたいのかも。もし坊主頭の和風な出で立ちの子どもを見たら、それがお地蔵さまかも知れない。

交通　ＪＲ逗子駅より　徒歩一〇分

(21)

乙女地蔵

伊勢原市
岡崎

伊勢原駅南口よりバスで十分程の大句《おおく》で下車。さらに百五十メートル程進み、地下道が見えるあたりで右折し、さらに右へと曲がる。すると正面に建立されたばかりの小さな地蔵堂があり、乙女地蔵が安置される。幾年月も風雨に晒され、お顔も体も磨り減り、また修理の傷痕も痛々しいが、右手に錫杖、左手に宝珠を持つ通例のお姿のようである。

この地蔵には悲しい物語が伝わる。昔この地の大地主だった者の息子が、自宅で働くお手伝いの若い娘を嫁にしたいと考えた。しかし古い封建社会の世ではそれも許されず、親類は娘に、嫁にふさわしい働き者である証に、この地の五反田という広大な田（畳約六百枚分）の田植えを、日のあるうちにすべて一人で済ませれば結婚を認めようと無理難題を娘に課した。

今にも沈みそうな太陽が娘に味方し、東へと向きを変え、あと少しというところで無念にも娘は息絶えた。その死を悼み供養のために作られたのがこの乙女地蔵だという。

元々は五反田近くに祀られたというが、現在は芳圓禅寺の門前で風雨をしのぎ安置される。宅地開発の進む中、五反田の名を知る人もわずかとなったが、この悲しい物語は乙女地蔵が今もこの地に在ることをその証として、これからも語り継がれていくであろう。

交通　小田急伊勢原駅南口より　神奈中バス「大句」下車　徒歩五分

(22) 小坪の子育て地蔵

逗子市
小坪

逗子駅より鎌倉駅行のバスで約十五分、海の香漂う「小坪」で下車。すると正面の一段高いところに立派な地蔵堂があり、地域に愛されるお地蔵さまが安置される。小坪の子育て地蔵である。

足元の蓮華座まで含めると二メートルを超す大きな石のお地蔵さまで江戸時代の作と考えられるが、言い伝えでは鷺の浦（小坪湾）の海から漁師の網にかかって引き上げられたという。右手に錫杖、左手に宝珠を持つお姿はお地蔵さまの通例のお姿だが、左手には信仰の歴史を物語る地蔵講の大きな数珠も掛けている。お顔には優しい微笑みを浮かべ、子どもたちの健康と安全を何百年も見守っている。

この小坪地区は南を海に面し「逗子マリーナ」に代表されるリゾート地だが、現在でも規模は小さいが漁港があり、江戸時代には漁船百

数十隻を数える漁業中心の地であった。その家業を継ぎ大切な働き手となる子どもたちはことさら大切にされたので、その元気な成長と先祖の供養のためこの地蔵尊が作られたのではないだろうか。

地蔵堂脇の狭い駐車場に契約者名が小さく書かれているが、それを見た時、私もお地蔵さまと同じ微笑みを浮かべ、少し幸せな気分になった。

交通　ＪＲ逗子駅より　京急バス
「小坪」下車　徒歩二分

(23)

福田の廻り地蔵

大和市福田

今回紹介するお地蔵さまは「廻《まわ》り地蔵」といい、厨子に入った地蔵尊を一定期間、信者の家などに留めて祀り、それが済むと次へ廻す民間信仰行事で、江戸時代に始まり別名宿無し地蔵、無宿地蔵と呼ばれた。

この福田の廻り地蔵は大和市福田の地蔵講中の家々を約二百二十年間も廻っていたが、諸事情により平成二十五年を最後に中断し、同二十八年一月に地蔵尊・厨子など関連資料一式が大和市に寄贈された。その後この廻り地蔵が、福田地区で独自に継承されてきたことの価値を評価され、同二十九年九月に市の重要有形民俗文化財に指定された。

お地蔵さまは木造で像高二三・八センチ。右手に錫杖、左手に宝珠、頭光に宝珠を伴う円光背を付け、左足を踏み下げる半跏坐の姿をとる。

（写真撮影　小林 惠氏）

全体に丁寧な造りで、この地蔵講の始まった江戸時代後半の作と考えられる。

平成三十年に市内数ヶ所で巡回展示され、現在は収蔵庫で深い眠りについている。次回の展示は未定のようだが、信心深い人々の肌のぬくもりを近くに感じつつ親しみを込めて「宿無し」と呼ばれたお地蔵さま、次に眠りから覚めた時にはぜひお会いしたいと願っている。

（写真提供　大和市役所）

(24)

泣き地蔵

秦野市
西大竹

秦野駅南口よりバスで五分程の西大竹で降り、西側の大きな交差点を渡って右へ行くとすぐ左に入る道がある。そこを二百メートル程進むと右側に小さなお堂があり、お地蔵さまが人待ち顔で待っている。元禄十一年（一六九八）に建立されたという「泣き（夜泣き）地蔵」である。右手に錫杖、左手に宝珠を持ち、大きな光背を重そうに背負った石造りのお地蔵さまである。

地元にはその名の由来が今に伝わる。昔、母親が忙しい農作業の間近くに寝かせていた赤ん坊が激しく泣き出したが、作業の途中で様子を見に行くことができない。母親は仕方なく農作業を続け、終えたところでその赤ん坊を抱きあげるとすでに死んでいたという。深い悲しみと後悔の念に押し潰されつつその供養のために建立したのがこの地

蔵尊だという。

「夜泣き地蔵」と呼ばれるお地蔵さまは全国にみられ、そのほとんどが子どもの夜泣きを止めるというご利益があるとされるが、あるお地蔵さまは夜中に安置されるお堂を抜け出し、泣く子をあやしに行ったという話も伝わる。

「泣くのは赤ん坊の仕事」というが、一睡もできない日々が続く母親にとって子どもを憎まず、夜泣きを憎むという心の葛藤は今も昔も変わらないのであろう。

交通　小田急秦野駅南口より　神奈中バス
「西大竹」下車　徒歩五分

(25)

林の民右衛門地蔵

厚木市
林

本厚木駅より十分程でバス停「林」に着く。その先には糟屋《かすや》道、厚木道など歴史ある古道が通る交差点があり、その一角に立派な地蔵堂が鎮座する。そこに祀られるのが、石造りの「林の民右衛門《みんうえもん》地蔵」である。右手に錫杖、左手に宝珠を持つ通例のお姿だが、このお地蔵さまには次のような伝承が今に伝わる。

昔この地に働き者の民右衛門という農民がいた。ある日坂を下ろうと歩き始めると、何度も自分の名を呼ぶ声がする。振り返って辺りを見ると、草むらにひとり寂しく立つお地蔵さまが目に止まった。民右衛門は不思議に思いその像を持ち上げるとびっくりするほど軽い。これはきっとお地蔵さまが人通りの多い所へ行きたいのだろうと思い、地蔵尊を背負って坂を下ったが、坂の下に来ると急に重くなり一歩も

動けなくなった。そこでその場所へ地蔵尊をお祀りすると参拝者も増え、この町全体が賑やかになったという。

そんな伝承を思い浮かべつつ改めてお地蔵さまのお顔を見ると、彫りが深く眉もきりりとして、現代《いま》風に言えばイケメン顔のお地蔵さまである。

この伝承には民右衛門のその後のことが書かれていないが、人助けならぬ地蔵助けをしたのだから、きっとこの林の地で幸せな日々を送ったに違いない。

交通　小田急本厚木駅より　神奈中バス
「林」下車　徒歩二分

(26)

いとこ地蔵

秦野市
名古木

大正十二年九月に起きた関東大震災では秦野市も大きな被害に見舞われ、市内の震生湖もこの時に現れた湖である。今回紹介するお地蔵さまもこの大地震が生んだ悲しい出来事に由来する。

秦野駅からバスで十分程の御嶽神社入口で下車、すぐ先の名古木宮《ながぬき》前交差点を左へ入り、突き当りを右へ。次の岐れ道を左に百メートル程進むと、右側に四基の石造物があるのでその道へ。途中の「玉伝寺」案内看板に従い五百メートル程畑の中の坂道を登り、寺の前を過ぎ真っ直ぐ進むと広場となるが、その右奥の一段高い場所に、由来の碑と共に「いとこ地蔵」が祀られる。バス停から二十分程の巡礼旅である。

その名の由来は碑文等によると、地震発生当時、玉伝寺は小学校の

仮校舎として利用されていたが、その裏山が高さ五十メートル巾七十メートルにわたって崩れ、女の子と農事作業中の若い男性が犠牲となった。

この二人がいとこ同士だったので、供養のため後にこの双体の地蔵尊が建立されたと伝わる。共に合掌するお姿で、短い生涯を過ごした名古木の地を見守っている。

あの大震災からまもなく百年となる。以前紹介した「寛子地蔵」や、この「いとこ地蔵」が私たちに訴える声に耳を傾け、穏やかな時代を迎えたいと心より願う。

交通　小田急秦野駅より　神奈中バス
「御嶽神社入口」下車　徒歩二〇分

(27)

下向き地蔵

厚木市
七沢

今回のお地蔵さまと出会うには、バス時刻表の下調べが必須である。本厚木駅近くの厚木バスセンターから広沢寺《こうたくじ》温泉行のバスで終点で下車。ただし一日数本のみ。または広沢寺温泉入口のバス停から約二十五分坂道を歩くのだが、近くにハイカー用の広い駐車場もある。

バス停の名が示すとおりここは旅館もある温泉地で、廣澤寺という曹洞宗の古刹も鎮座する。そこを流れる大沢川の二の橋の袂に「下向き地蔵」が祀られる。

昔七沢《ななさわ》に石切り場があり、一人の石工が親方から地蔵尊を造るように言われ、出来上がる直前に鼻を欠いてしまった。そこで再び造ったところ、今度は謝るように下を向いたお姿となった。親方はこれを見て「高い台の上にのせればお参りの人々に優しく語っているように見

えるから」と高い台石を造らせ地蔵尊を祀った。そのうち誰言うとなく「下向き地蔵」の名がついたという。
　江戸中期の作で右手に錫杖、左手に宝珠を持ち、伝承通り四角い台石の上から優しい笑顔で人々に語りかけている。
　この地蔵尊を造った石工は信州の桜の名所高遠《たかとお》出身と伝わる。私が初めてこのお地蔵さまに出会った時も近くの桜が満開だった。きっとその石工も故郷の桜を思いつつ「ひた向き」に鑿《のみ》をふるったのであろう。

交通　小田急本厚木駅より　神奈中バス
「広沢寺温泉」下車　徒歩二分

(28)

秀の木地蔵

綾瀬市
深谷

小田急長後駅西口からバスで十五分程の綾瀬小学校前で降りる。百メートル程戻り、左折すると道はすぐ下り坂となる。坂のちょうど真ん中あたりに三叉路があり、その角に建つ銅板葺きの小さなお堂に「秀の木地蔵」が祀られている。

この名前は江戸時代の地誌にも登場するこのあたりの古い地名に由来するようで、旧深谷村の字《あざ》名で、植物のシデノキを意味する「しての木」が明治初め頃から「秀の木」と表記されるようになり、お地蔵さまにもこの名がついたようである。ちなみに地蔵尊横の坂は今でも「秀の木坂」と呼ばれている。

このお地蔵さまが造立されたのは江戸時代の中頃と考えられ、像高が約七十センチ、右手に錫杖、左手に宝珠を持つ通例のお姿で蓮台に

のる。衣文の線も細部まで丁寧に表現され、全体的にどっしりとした落ち着きを感じさせる地蔵尊である。

このあたりは厚木基地に近いようで、頭上を超低空で飛ぶヘリコプターの姿と爆音には正直驚かされる。きっとお地蔵さまも日々同じ気持ちなのだろうが、幸いにもお堂の目の前には保育園があり、子どもたちの元気な声が聞こえてくる。子ども好きのお地蔵さまにとって、その声はこの上ないやすらぎなのではないだろうか。

交通　小田急長後駅より　神奈中バス
「綾瀬小学校前」下車　徒歩五分

(29)

関本地蔵

南足柄市
関　本

今回は湘南を代表する街道「東海道」の脇街道「矢倉沢《やぐらさわ》往還」のお地蔵さまを紹介する。

小田原駅から伊豆箱根鉄道大雄山線に乗り、終点の大雄山駅で下車。「金太郎」像の歓迎を受けつつ駅前の道を右へ約三百メートル進み、竜福寺交差点を左に入ると緩やかでまっすぐな上り坂の道となる。この道は江戸と沼津を結ぶ古道矢倉沢往還で、この辺りは関本宿と呼ばれ、江戸の頃まで旅籠や高札場、本陣などが並び、また大雄山最乗寺（道了尊）の門前町としても賑わった。今は静かな住宅街だが、当時から使われていた水路が今も残っており、地元有志の作った説明板と共に宿場町の面影が偲ばれる。

先程の交差点から四百メートル程の左側にまだ新しいお堂があり

「関本地蔵」が安置される。江戸時代には街道沿いの地蔵堂に祀られ、子育延命地蔵として信仰されていたようだが、流転の末現在の場所に安住の地を得たのである。

袈裟を着け右手に錫杖、左手に宝珠を持ち、二重円光背を伴って四角い台座に坐す。お顔には微笑を浮かべ大きな福耳が印象的だが、お体も丸みを帯び幼な子の様なお姿である。

古代から続くこの宿場町の歴史を語り継ごうとする人々がここには居る。そしてお地蔵さまはその人々の心に寄り添い、共にこの町を護り続ける。

交通　大雄山線大雄山駅より　徒歩一五分

(30)

弘済寺の子育て地蔵

南足柄市
弘西寺

大雄山線大雄山駅より地蔵堂行のバスで六分程の弘西寺で下車。少し先の石造物群手前の道を右へ入り、二百メートル程進んだ左手奥に寺の山門が見える。字は違うが、この地区の地名の元となった真言宗の古刹弘済寺で、その創建は中世にも遡り現住職で二十一世となる。

今回紹介するお地蔵さまは山門横の立派な地蔵堂（江戸中期建立）に安置され、子育て地蔵として今も信仰されている。

木造（寄木造）で玉眼をはめ、肉身は漆の上に金箔を貼り、着衣は褐色の漆仕上げである。像高は五八センチ、右手に錫杖、左手に宝珠様の持物を持ち、衣の裾を台座の下に垂らす「法衣垂下《ほうえすいか》」像である。この様式は中世に鎌倉地方を中心に流行し、千葉や埼玉にも見られるが、作例は少なく貴重である。

そのお顔は凛々しい中にもやさしさを秘め、衣文も自然な流れで全体のバランスも整う。鎌倉時代後期から南北朝時代の作で、南足柄市の指定文化財である。また地蔵堂には室町期のお堂の材も使われ、地域に脈々と続く地蔵信仰の深さには驚かされる。

毎年七月二十三日に寺で地蔵まつりが催され地域の善男善女が集う。一度中断したが再興され令和元年に二十一回目を迎えた。きっとこの日は近所の「白地蔵」「関本地蔵」も遊びに来ているに違いない。

（お地蔵さまは現在修復中）

交通　大雄山線大雄山駅より　箱根登山バス「弘西寺」下車　徒歩一〇分

(31)

宮台地蔵

開成町宮台

小田急線開成駅東口から町内巡回バス（平日のみ）に乗り「宮台《みやのだい》老人憩いの家」で降りる。町の南に位置する宮台地区は古来より経済や信仰の道であった矢倉沢往還《やぐらさわおうかん》の通る歴史ある地域で、田畑を潤す水路も多く、紫陽花の似合う水の郷でもある。

バス停から南へ百メートル程行くと、以前宮台公会堂のあった広場にガラス張りの新しいお堂が建ち、その中に宮台地蔵は祀られている。以前は近くの本光寺地蔵堂に安置され、その後公会堂内に移り、平成二十年に地域の人々により現在のお堂に安住の地を得た。

木造で右手に錫杖（頭部欠失）、左手に宝珠を持ち、円光背を伴い蓮華座に立つ。総高一一四センチで厨子に納まる。肉身部は漆箔《しっぱく》、着衣部は褐色仕上げ。お顔は穏やかで衣文の表現も丁寧である。また全体

のバランスも良く、江戸期に活躍した仏師の作と思われる。

明治初期、全国的に訪れた仏像受難の時には、村人からこのお地蔵さまが宮台地区にとって子育守護の大切な地蔵尊であり、村に残してほしい旨の嘆願書が出され、幸いにもその信仰は今に続く。

往古より人々の心の拠り所である宮台地蔵、これからもこの地域の子どもたちの未来、そして豊穣なる田畑を見守り続けてほしい。

交通　小田急開成駅より　町内巡回バス（平日のみ）「宮台老人憩いの家」下車　徒歩三分

（32）

袖引地蔵

鎌倉市
材木座

鎌倉駅東口から九品寺《くほんじ》循環のバスで十分程の五所神社で降りる。少し先の路地を左折すると正面に時宗向福寺《こうふくじ》がある。本堂と庫裡だけの静かな佇まいの寺だが、鎌倉三十三所観音霊場第十五番札所で、南北朝時代の阿弥陀三尊像を本尊とする。

本堂手前に小さな墓域があり、入口近くに二体の石のお地蔵さまが安置される。その左側の像が袖引地蔵である。両手で宝珠を持ち、優しいお顔で反花座《かえりばなざ》に坐す。その名の由来として次のような伝承が伝わる。

この地蔵を夫婦で信仰した地元の漁師が海で命を落としたが、地蔵の力で生き返った。続けて今度は食あたりで落命したが再度生き返った。ただその代償に地蔵は閻魔王に錫杖をとられてしまった。

しかし災難は重なり、今度は大津波で夫婦共に亡くなった。三度目の今回はさすがに閻魔王も許さず、仕方なく地蔵は二人を自分の袖に掴まらせ冥途を脱出した。それ以来錫杖を持たぬこの地蔵は袖引地蔵と呼ばれるようになったという。

この伝承は寺に伝わるものではないと聞く。地域に残る口承なのであろうか。いずれにしても袖引地蔵の限りないやさしさと、慈悲の心が痛いほどに伝わる話である。

交通　ＪＲ鎌倉駅より　京急バス
「五所神社」下車　徒歩三分

(33)

走水地蔵

横須賀市
走　水

今回は初めて横須賀市のお地蔵さまを紹介する。京浜急行馬堀海岸駅よりバスで八分程の走水《はしりみず》神社で降りる。この辺りは昔懐かしい風景が今も残る、潮の香りが心地よい漁村である。

道路を渡ると正面に走水神社が見える。日本武尊《やまとたけるのみこと》と弟橘媛命《おとたちばなひめのみこと》を祀る神社で、この二人の死をも恐れぬ夫婦愛の神話は今でも有名である。

神社から左へ七十メートル程進み、今回紹介する地蔵尊の説明板手前の道を右へ百メートル程行くと、崖の斜面が四角く刳り抜かれ、二体の石のお地蔵さまが安置される。江戸時代に造られたという走水地蔵である。詳しい由来は定かでないが、二体とも右手に錫杖、左手に宝珠を持つ通例のお姿で、蓮台の上に立つ。お顔立ちは風雨のために

うっすらとしかわからないが、今でも近隣の人々の供養と信仰は続いているようである。

バス通りに戻り海岸沿いを歩いていると別の石仏を目にしたが、長年にわたる潮風の影響か、やせ細って尊名すらわからない。走水地蔵がなぜ人通りの少ない山裾の崖に祀られているのかが、地域の人々の愛情の深さと共に理解できたような気がした。

交通　京急馬堀海岸駅より　京急バス
「走水神社」下車　徒歩五分

(34)

和田地蔵

横須賀市
鴨　居

京浜急行浦賀駅から観音崎行きのバスで八分程の「鴨居」で降りると、小さな漁港越しに美しい海の青が眼前に広がる。幼い頃のあの懐かしい風景である。

今来た道を少し戻ると左手に浄土宗西徳寺がある。境内には樹齢四百年を超えるイヌマキとビャクシンの古木があり、この寺の長い歴史を今に伝える。

西徳寺は永禄三年（一五六〇）にいくつかの寺が宗派を超え併合したと伝わるが、境内には新築の立派なお堂があり石造の和田地蔵が祀られる。右手に錫杖左手に宝珠を持ち、光背を伴い蓮台にのる。顔立ちは潮風のためかはっきりしないが、袖や衣文の表現は見事である。

この地蔵には三浦一族の一人で、鎌倉幕府の有力な御家人和田義盛

にまつわる命名の由来が縁起として寺に伝わる。義盛が出陣に際し、この地蔵を寺の前の川に沈め、戦いに勝てるなら川上へ、敗れるなら川下へ流れよと占ったところ川上へ流れたので、地蔵を引き上げお堂を建て丁重に祀ったという。

この西徳寺本堂には木造の地蔵尊も祀られ、三浦半島を代表する地蔵信仰の霊地「三浦地蔵尊三十八霊場」のひとつにもなっている。

無念の死を遂げた義盛だが、和田地蔵は命名された重責を感じつつ一族の魂を供養し続けるであろう。

交通　京急浦賀駅より　京急バス「鴨居」下車　徒歩五分

(35) 勝軍《しょうぐん》地蔵

横須賀市
鴨　居

今回は先に紹介した横須賀市西徳寺のもう一体のお地蔵さまを紹介する。その名前を勝軍（将軍）地蔵といい、本堂内に安置される大変珍しいお姿のお地蔵さまである。

木造で右手に錫杖、左手に宝珠を持つのは通例のお姿と同じだが、頭には兜を戴きお体には甲冑を着け、岩座上に立つ馬に乗っているのである。全体の高さが二一・五センチの小像ながら彫技は緻密で、彩色も細かく非常に丁寧である。

この「勝軍地蔵」は地蔵の変化身であり、作例こそ少ないが全国に点在する像で、日本で考え出された地蔵尊のようである。その姿から戦勝を祈願する本尊として祀られ、多くの武将たちが信仰していたと伝えられる。また火伏《ひぶせ》の神として全国に鎮座する愛宕《あたご》神社の御祭神の

本地仏《ほんじぶつ》、すなわち仏としての祭神の本来の姿としても知られている。
何故この姿となったのかは定かでないが、戦場での奇跡的な勝利を武将たちが地蔵に求めたがゆえの姿なのであろう。
ただ目に見えぬ「慈悲」の甲冑を日々身にまとうお地蔵さまにとって、この勝軍地蔵の厳《いか》めしい姿は少々迷惑な気がしてならない。
（参拝には事前の連絡が必要）

交通　京急浦賀駅より　京急バス
「鴨居」下車　徒歩五分

(36) 両面地蔵

横須賀市
久比里《くびり》

京急久里浜駅東口から浦賀行きのバスに乗り二つ目の夫婦橋で降りる。その先の若宮神社入口交差点から左を見ると、細い道の突き当りに浄土宗の古刹宗円寺《そうえんじ》がある。

この寺の山門を入った左側に高さ三十センチ前後のやや丸い石に彫られたお地蔵さまが十体仲良く並んで祀られる。風雨のためお地蔵さま自身の姿がはっきりしないものもあるが、各々個性的な姿である。ただ他の石の地蔵尊と違うのは、その姿が石の両側に彫られており、そのため「両面地蔵」と呼ばれている。横須賀市内では同様の像が吉井の眞福寺や阿部倉の地蔵堂などで確認されている。

宗円寺に伝わる話としては、戦いで失明した有名な武将鎌倉権五郎景政が世の中の光を失った人々と自らの明るい来世を願い、これらの

お地蔵さまを自らの手で彫ったという。そのため眼病平癒の参拝が多いとのことである。

この寺にはその石柱の根元が地獄につながると伝わる地上二メートルを超える庚申供養塔がある。現世と地獄を往復できるお地蔵さまとしては、その両方の人々を区別なく救うためこの姿となったのだろうか。

交通　京急久里浜駅より
京急バス
「夫婦橋」下車
徒歩五分

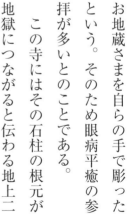

(37)

そうめん地蔵

横須賀市
吉　井

京急久里浜駅で湘南山手行きのバスに乗り吉井で降りる。道路を渡り手前の道を入ると法善寺という寺があり、その少し先の高台に浄土宗眞福寺がある。この寺は室町時代後期の創建と伝わり、三浦三十三観音霊場の札所でもある。

本尊は阿弥陀三尊像で、同じ本堂内に像高八十センチ程の地蔵菩薩立像が祀られる。一木造で彫眼、右手に錫杖（欠失）、左手に宝珠を持つお姿で、寺伝では「そうめん地蔵」と呼ばれている。同名の地蔵の話は、あの「日本昔ばなし」にも登場するので紹介したい。

ある旅の僧が空腹に耐えかね、日光の某寺で素麺を一杯だけ所望したが意地悪な寺の者にいっぱい食べさせられ困っていた。すると一人の僧が現れ、その素麺を全部食べ尽し彼を助けたが、その僧は彼の寺

の地蔵だったという話である。

その地蔵がなぜ眞福寺に祀られるのかは謎だが、確かに地蔵の前には地元の方が供えた素麺の束が置かれていた。また江戸時代末期に書かれた三浦半島の地誌『三浦古尋録《こじんろく》』には、寝る時に地蔵に向けた足が夜中に正反対を向いてしまうことから「枕返し地蔵」の名で紹介されている。

微笑ましくまた人間味あふれるふたつの地蔵伝承が永遠に語り継がれるよう、心より祈りたい。

（参拝には事前の連絡が必要）

交通　京急久里浜駅より　京急バス「吉井」下車　徒歩一〇分

(38)

夫婦地蔵

三浦市
三崎

今回は三浦市のお地蔵さまを初めて紹介する。京急三崎口駅からバスに乗り三崎警察署前で下車。今来た道を四百メートルほど戻った左側の道路脇に、コンクリート造りの龕《がん》（仏を納める場所）があり、さほど大きくない三体の双体のお地蔵さまがひっそりと祀られている。おのおの大きな光背を伴い正面を向いて合掌する仲睦まじいお姿である。

これらの像は「夫婦地蔵」と呼ばれ、今でも花が飾られその信仰が続くことを示しているが、この地蔵には戦国時代にまで遡る悲しい話が地域に伝わる。

ここから西へ三キロほどの高台に、三方を海に面し堅固な要塞として知られた地元三浦氏の居城「新井城」があった。三年に及ぶ北条早

雲の兵糧攻めの末に敗れ、悲劇の舞台となったが、その戦いの最中敵側が放った密偵に城内の様子を自慢げに話してしまった茶店の老夫婦が、自責の念を感じ心中した。このことを哀れに思った人々がこの夫婦地蔵を祀り二人を供養したという。

故郷の誇りとして人々に愛された三浦一族だが、敗戦により自害し、流した血が海を朱に染め「油壺」の名の由来になったという。あの美しく穏やかな湾の風景とは対照的な悲しい伝承である。

交通　京急三崎口駅より　京急バス「三崎警察署前」下車　徒歩五分

(39) 二十五菩薩

箱根町
芦之湯

箱根湯本駅より箱根町港行きのバスで六道地蔵で降りる。この地蔵は元箱根石仏・石塔群の象徴として以前紹介したが、その横を通る道路の反対側にも同じ石造物群に属する多くの磨崖仏があり、その名前を総称して〝二十五菩薩〟という。

巨大な安山岩の岩塊に地蔵菩薩二十四体（うち三体は六道地蔵側）と阿弥陀如来一体、供養菩薩一体が各々光背型の龕《がん》（仏を納める場所）の中に刻まれており、また数ヵ所には造像の由来と鎌倉時代（一二九〇年代）の年紀も残っている。

通常二十五菩薩とは極楽浄土より臨終を迎える者のもとに阿弥陀如来と共に現れる様々な菩薩たちのことだが、ここでは石仏群唯一の如来である阿弥陀如来に従う菩薩群として同じ名で伝承されている。地

蔵菩薩が多い理由だが、この箱根の地は火山特有の恐ろしい風景から古来より地獄と呼ばれていたため、亡者を地獄から救済したいと願う人々の思いが多くの地蔵菩薩を造像させたのであろう。

中世の一流の石工の作ゆえどの像も立体的に活き活きと表現され、六道地蔵などと併せ、鎌倉時代に彫られたお地蔵さまであることを感じさせない、現在の特筆すべき地蔵ワールドでもある。

交通　小田急箱根湯本駅より　箱根登山・伊豆箱根バス「六道地蔵」下車　徒歩三分

(40)

六道能化地蔵

小田原市
栄　町

小田原駅東口よりバスに乗り大工町で降りる。その名が示す通り、昔はこの辺りには大工の棟梁や職人が多く住んでいたと伝わる。

少し進むと左側に天台宗本源寺がある。小田原城主だった大久保家と関係が深い寺で、境内には本堂の他に不動明王を祀る護摩堂、職人の信仰が篤い聖徳太子堂があり、護摩堂越しに見えるカトリック小田原教会の美しい風景は長崎県平戸の観光スポット「寺院と教会の見える風景」に匹敵すると私は思う。

その参道に「六道能化《のうけ》地蔵」が、紅白の涎掛けと帽子を着け、六体仲良く並ぶ。今は病魔退散のマスクも着用中とのこと。その顔立ちは少年を思わせ、昭和四十年代の造像のようである。いわゆる六地蔵だが「六道能化」の名前をいただき、お地蔵さまの慈悲の心がさらに深まる。

お地蔵さまは六道（すべての世界）に生を受ける私たちすべてをあまさず、もらさず救うため、私たちをよく諭し教え、利益を与える（能化）という誓いをたて、そのために我が身を六道に分身して救ってくださるのである。

あまり馴染みのないお地蔵さまの名前ではあるが「あまさず、もらさず救う」という言葉が、病禍のため誰もが苦しんでいる今だからこ

そ、すっと心に沁み入る。

交通　ＪＲ小田原駅東口より　箱根登山バス
「大工町」下車　徒歩二分

(41)

砂坂地蔵

横須賀市
大　津

京急堀ノ内駅を出て右折し、交番横の信号を渡り、左へ二百メートル程進んだ次の信号を右へ三百メートル程行った左側にお堂があり、二体のお地蔵さまが祀られる。その左側が砂坂地蔵である。

深紅の涎掛けと帽子を身につけ、右手に錫杖、左手に宝珠を持つ通例のお姿で、拝む者にやさしい眼差しを向ける。火成岩と思われる石に彫られており衣文線も単純ながらしっかり表現されている。

このお堂の前の道は浦賀道と呼ばれ、江戸から横浜金沢などを経て浦賀に至る昔の要路だが、このお堂の前は緩やかな坂道となっており、古来より砂坂と呼ばれている。

現在は海から三百メートル以上離れているが、明治時代の初め頃まではこの浦賀道のすぐ近くが海岸線だった。そのためこの坂道には常

に砂や小石が多く通行の妨げとなっていたようで、そこからこの坂の名前が付いたとも言われている。おそらくお地蔵さまの名前もこの坂道の名前に由来するのであろう。

またこの地蔵はイボトリ地蔵とも呼ばれ、足元の小石を持ち帰りイボをなでるとイボが取れると伝わり、地域の人々にとって近所の頼れるお医者さんのように信仰されている。人々の心にやさしく寄り添い地域と共に生きるお地蔵さまである。

交通　京急堀ノ内駅より　徒歩一〇分

(42)

しらすがわ地蔵

横須賀市
大　津

今回登場するお地蔵さまは、以前紹介した砂坂地蔵と同じお堂の中に隣り合って祀られる「しらすがわ地蔵」である。説明板には「近くにあった白須川の川原を家屋新築のため掘ったところ、鍬先が当ってこの地蔵尊が発掘された」とその由来が書かれている。

右手に錫杖、左手に宝珠を持つ通例の姿と思われるが、お首には修理の痕もあり、発見された状況と併せ考えてもだいぶ波乱万丈な道を歩んできたようである。

お堂の少し先に大正十五年に造られた石造りの小さな橋「砂坂橋」の欄干部分だけが残されている。意識しないと行き過ぎてしまうが、ここに川（今は暗渠）があったことを物語る。これが白須川だったのであろうか。

このお堂の前の道（浦賀道）は昔からの要路で、近世以降江戸湾（東京湾）防備や軍事目的などで重要視された。あの浮世絵師歌川（安藤）広重も、この道を通り作品を残している。またこの道に沿って横須賀の水道のルーツともいえる水道管が明治初期に埋設された。これは海軍の横須賀造船所に、約七キロ先の走水水源から送水するための重要なものであった。

横須賀の町が軍都として成長していくことを、お地蔵さまはどんな気持ちで見ていたのだろうか。

交通　京急堀ノ内駅より　徒歩一〇分

(43)

見返り地蔵

横須賀市
久里浜

京急久里浜駅からバスに乗りフェリー乗場近くの久里浜港で下車。潮の香を感じつつ少し進み、住吉神社前の横断歩道を渡り釣船店横の広い道に入り、四本目の狭い道を左折。百メートル程進むと左側に浄土宗傳福寺《でんぷくじ》がある。室町時代の創建で本尊は阿弥陀三尊。境内には地蔵堂があり、本尊の地蔵菩薩坐像は像高一二四センチもある立派な像で、衣文の流れがとても美しい。

参道を進み正面の本堂手前右側に六体の石造りの地蔵尊が祀られるが、その右から三番目の像が六地蔵の中で畜生道に堕ちた者を救う金剛悲《こんごうひ》地蔵である。

体を僅かに斜めにして立ち、右袖を前に出し左手は肩に載せた錫杖を持ち右手は掌を上に向け前に出す。しかしそのお顔は正面を向き、

あたかも見返っているかのようである。六地蔵各尊の姿や持物は様々だが、この像の姿は江戸初期に作られた『諸宗仏像図彙』という書物（図像集）に載っている。「見返り」の名の付く仏像は、京都永観堂、富山安居寺の見返り阿弥陀が有名だが、この地蔵尊のように石工が図像集のモデルを忠実に表現するのは珍しい。

様々な自粛が求められる社会状況だが、お地蔵さまは必ず振り向き慈悲の心で私たちを救ってくれる。

交通　京急久里浜駅より　京急バス
「久里浜港」下車　徒歩五分

(44)

日《ひ》金《がね》地蔵

横須賀市
武

京急YRP野比駅からバスに乗り南武《みなみたけ》入口で下車。少し戻った道路の反対側に浄土宗東漸《とうぜん》寺がある。その創建は鎌倉時代初めまで遡り、三浦一族との深い関係を持つ古刹である。

立派な本堂中央に本尊の阿弥陀三尊が、その右側の厨子の中に日金《ひがね》地蔵が祀られる。鎌倉二十四ヶ所地蔵霊場第十九番で鎌倉市外唯一の地蔵尊である。最初は鎌倉雪ノ下にあった日金山松源寺の本尊だったが、廃仏毀釈の嵐の中長谷寺等を経て大正初期にこの寺に安置されたという。木造で像高約百センチ、右手に錫杖、左手に宝珠を持ち、半跏の踏み下げた左脚を小蓮華座にのせ岩座上に座る。胎内の記録で室町時代の寛正三年（一四六二）に宗円という仏師により造られたことがわかる。

　伝承では、源頼朝が伊豆日金山の地蔵尊に源氏の開運を祈り、念願通り鎌倉に幕府を開いたことから、その像を模してこの地蔵を造り松源寺に安置したのでこの名がついたという。やさしさの中に力強さも秘めたお顔で、煩雑な衣文線の表現に当時流行した宗風の特徴が顕著である。

　流浪の旅を終え、安住の場所をこの地に見出したお地蔵さま、由緒正しいその造像の由縁をもってこの地の人々に平穏なる日々をもたらしてほしい。（参拝には事前の連絡が必要）

交通　京急ＹＲＰ野比駅より　京急バス
「南武」下車　徒歩五分

（45）

みなと地蔵

横須賀市
久里浜

京急久里浜駅からバスに乗り久里浜港で降りる。少し戻ると右奥に千葉県金谷に向かうフェリー乗場があり、大きなフェリーが人待ち顔で出港を待っている。

乗場への道路の入口に三方がガラス張りの電話ボックス風のお堂があり、みなと地蔵が祀られる。海上安全を願う地元の人々により建立された。交通安全を願う地蔵尊は数多くあるが、海上安全を願うお地蔵さまは珍しい。

お顔は潮風のためだいぶ摩耗しているが、操舵室の船長のように正面をしっかりと見据える。全身に真っ赤なマントをまとい合掌して蓮台にのる。首から船舶用の白いロープで救命浮輪を腹前に飾るのが特徴で、とても親しみを感じる。

このお地蔵さまがいつ造られたのかは定かでないが、台石には「海上安全」「仏者千人衆」の文字が彫られる。横須賀市内にこの「仏者千人衆」の文字が彫られた台石にのる地蔵尊が数体あり、同じ石工の作と思われる。

私にはその救命浮輪が人々をあまねく救う地蔵の愛に、そしてそのロープは不動明王などが持つ羂索《けんさく》に思える。羂索は投げ縄の意味を持つ仏の道具で、苦しむ人々をすべて救う力を持つ。誰でも一目でその功徳が理解できる港町久里浜にぴったりなお地蔵さまである。

交通　京急久里浜駅より　京急バス
「久里浜港」下車　徒歩一分

(46)

お手引地蔵

小田原市
酒　匂

国府津駅より小田原駅行のバスで十分程の酒匂中学で下車。道路の反対側少し先に日蓮宗法船寺がある。その本堂手前に立派な地蔵堂があり、日蓮聖人像の後ろにお手引地蔵が祀られる。重厚感のある石造の立像で、お体に比べ少し大きめのお顔は永い年月のため目鼻立ちがはっきりとしないが、右手に錫杖、左手に宝珠を持ち蓮弁形の光背をつける。

この地蔵には次のような話が伝わる。鎌倉時代の文永十一年（一二七四）五月、政治・宗教のあるべき姿を何度も幕府へ訴えたが認められないと悟った日蓮聖人とその一行が鎌倉を離れ、身延山を目指す途中で酒匂川の増水のため立ち往生を余儀なくされた。辺りは徐々に暗くなり困っていたところ、一人の老翁が突如現れ、地蔵堂（法船寺）

へと導き一行はここに一泊し、翌日無事に川を渡ったが、その老翁が地蔵堂に祀られるお手引地蔵だったのである。

　このご縁で法船寺は日蓮聖人ご宿泊の霊跡として近世より有名だったようで、本堂には出開帳《でがいちょう》用と伝わる木造の地蔵尊と版木が祀られる。また境内に建つ平成六年建立の五重塔（六・八メートル）は本格的な造りで見事である。

　庶民救済の話ばかりが伝承する中で、日蓮聖人をお助けしたこのお地蔵さまは特別な存在なのかもしれない。

交通　ＪＲ国府津駅より　箱根登山バス「酒匂中学」下車　徒歩二分

（47）とうふ地蔵

厚木市七沢

本厚木駅近くの厚木バスセンターから広沢寺《こうたくじ》温泉行のバス（一日二～四本のみ）で終点で下車、ここは旅館もある温泉地で右手の石段を上ると曹洞宗廣澤寺が鎮座する。室町時代の創建で、大雄山最乗寺（道了尊）や小田原北条氏ともつながりが強い古刹である。

その本堂内左側に優しいお顔のとうふ地蔵が祀られる。この地蔵には次のような話が伝わる。美味しい大豆と水の豊富なこの村に一軒のとうふ屋があり美味しいとうふを作っていたが、ある雪の降った日の翌朝店の戸を開けると雪の上に新しい足跡があった。誰かが買いに来たのに帰ってしまったと思いその足跡を追うと、足跡はこの廣澤寺の門をくぐりその奥の地蔵堂の前で消えていた。そこで店主は持ってきたとうふを置いて帰った。

するとその晩店主の夢枕に地蔵尊が立ち「私は他の村よりとうふを食べたくてこの村に来たが、今朝のとうふはうまかった。今後もとうふを食べたいのでよろしく。そのお礼にこの村に悪い疫病が入ったら追い払ってあげよう。」と告げた。この話が村に広まり、この地蔵をとうふ地蔵と呼び村人はとうふを供えた。おかげで村人は皆長生きをしたという。

新しい年を迎えても収束する兆しもないコロナ禍だが、とうふ地蔵の力で終息するよう心から祈りたい。

（参拝には事前の連絡が必要）

交通　小田急本厚木駅より　神奈中バス
「広沢寺温泉」下車　徒歩二分

(48) 足柄地蔵

南足柄市 矢倉沢

紅葉の美しい令和二年十一月二十一・二十二日に、南足柄市の北に位置する地蔵堂地区の地蔵堂本尊・足柄地蔵尊が約百五十年ぶりに御開帳された。

この地区には足柄山の金太郎伝説に関連するその生家跡や遊び石などが現存し、ここを通る足柄道（矢倉沢往還）も古代からの主要道で『更級日記』にも足柄山の地名が登場する。江戸時代には関所や旅籠もありにぎやかだったと伝わる。

この地蔵堂は正式には誓光寺という曹洞宗の寺で、何度も火災に遭ったようだが本尊などは奇跡的に救い出され、現在もその信仰は脈々と続いている。

この足柄地蔵尊は本堂裏の収蔵庫に安置され、その厨子と共に神奈

（写真提供　御開帳実行委員会）

川県指定重要文化財で像高一六〇・五センチ、檜材の寄木造で肉身部黒漆塗り着衣部は朱漆塗りに銀泥で文様を描き右手に錫杖、左手に宝珠を持つ。衣文の流れも美しく鎌倉時代に一流の仏師が造像したようで、この地の地名を冠とするに値する尊像である。

約七百年間、多くの旅人や地元民の篤い信仰心に護られてきた足柄地蔵尊が、今回は病禍を憂いそのお姿を現したことに感謝の念を強く感じる。今回の御開帳には私も含め約三千人が訪れたというが、この混沌とした社会状況を足柄地蔵尊のご加護で終焉させたい。

交通　大雄山線大雄山駅より　箱根登山バス
「地蔵堂」下車　徒歩一分

（49）

順礼峠の地蔵

厚木市
七　沢

厚木バスセンターから森の里行きのバスに乗り終点で下車。その先の左カーブを道なりに進み「森のアトリエ」の看板を見つけたらその右側の木の階段を登る。少し行くと眼下に広い駐車場が見え県立七沢森林公園に入るが、そのまま道なりに坂道を登ると「とうげの広場」に出る。

この公園は大きな住宅地に隣接し日本都市公園一〇〇選にも選ばれており、広さは横浜スタジアム二十四個分もある。雑木林が広がる自然豊かな公園で、その北口近くの高台にこの広場（順礼峠）があり、そこに順礼峠の地蔵が祀られる。

この場所は坂東三十三観音霊場をつなぐ順（巡）礼道の途中にあるが、この峠には悲しい言い伝えが残る。江戸の頃、順礼の旅をしていた老人と娘がこのあたりを通りかかった時、悪者に襲われ殺されてしまった。その二人を哀れに思った地元の人々が、その供養のためにこの地蔵尊を建立したという。

石造りで右手に錫杖、左手に宝珠を持ち半跏坐で、石柱の上からしっかりと前を見て訪れる人々の安全を見守っている。

自然豊かな森林公園のシンボルとして今も愛されるお地蔵さま。

その鎮座する峠へ続く道は何本かあるが、初めての方には最初に紹介した道をお薦めする。

交通　小田急本厚木駅より　神奈中バス「森の里」下車　徒歩二〇分

(50)

常光寺の宋風《そうふう》地蔵

藤沢市本町

小田急藤沢本町駅近くの白旗交差点を藤沢橋方面へ三百メートル程行くと消防出張所があり、その横の道正面に浄土宗常光寺がある。創建は室町時代まで遡り、東海道藤沢宿の名残を残す寺林を所有する。

この寺の本尊は阿弥陀三尊像で、中尊の阿弥陀仏のお顔は知的で親しみも併せ持ち、衣文の流れも美しい南北朝時代の秀作である。

本堂内の左側に納骨堂があり、その本尊として祀られるのが常光寺の宋風地蔵である。像高九一・五センチで右手に錫杖、左手に宝珠を持つ通例のお姿で、円光背をつけ台座にのる。そのお顔は理知的な少年の如く輝き、衣文のひだの数も多く装飾的な表現で、中世に流行した宋風の特徴が顕著である。南北朝時代の造像と考えられ美術的・歴史的価値の高いお地蔵さまで、本尊と共に市の指定文化財である。こ

の像が常光寺に祀られる経過は不明だが、市内大庭にあった廃寺から遷座されたという伝えもある。

近年常光寺は本堂や仏像等の修復を精力的に行い、また花まつりなどの行事を復活させ、地域に開かれた心安らぐお寺づくりに尽力している。宋風地蔵も七百年の間、人々を救い続けて下さったが、現在の病禍においても私たちの心に安らぎを、さらに与えてほしい。

（参拝には事前の連絡が必要）

交通　小田急線藤沢本町駅より　徒歩一〇分

あとがき

『湘南のお地蔵さま』を二〇一七年四月に出版し早四年が過ぎました。おかげさまでその半年後には第二刷を発行し、多くの方々とお地蔵さまとのご縁を作ることが出来たかなと思っています。この本を読んでいただいたことをきっかけに、私も沢山の素晴らしいご縁を多くの方々よりいただきました。そのすべてが私の心の宝です。

今回出版する『続　湘南のお地蔵さま』は、江ノ電沿線新聞紙上に二〇一七年一月より約十七年ぶりに再掲載を始めた拙文をまとめたものとなります。私はどのお地蔵さまを紹介する時にも、そのお地蔵さまにまつわる信仰や地域に語り継がれる伝承を次世代へつなげて下さる人々の気持ちに寄り添えるように文章を書くよう心がけています。

誰も想像すら出来なかったこの社会状況の中で、宗教や信仰を越えたお地蔵さまの「癒し」と「優しさ」をこの本から読み取っていただき、コロナ禍と「戦う」のではなく、共存して生きていく覚悟と勇気と智恵をお地蔵さまから学んでいただけたらと思います。

出版に当たり今回も多くのお寺や関係者の方々にご助力いただきましたが、特に今回は横須賀市の浄土宗寺院のご住職方と、新たにご縁の出来た南足柄市の方々とは、お地蔵さまのご縁の輪が大きく拡がり大変ありがたかったです。またご多忙の中可愛い表紙画を描いて下さった敦賀明美さん、私の良き理解者である今年九十一歳の元気な父、そして子供たち夫婦、四人の可愛い孫たち、また融通の利かない性格の私を、おおらかで明るい性格で支援し続けてくれた妻成美に心より感謝いたします。

今年の三月で定年後の常勤職も退職し、これからはお地蔵さまやほとけの世界について多くの方々の前で、これまで以上にお話しする機会を持ちたいと思っています。

最後に私とお地蔵さまとの出会いのきっかけを作ってくださった江ノ電沿線新聞社前会長の故吉田克彦氏にこの本を捧げます。

著者紹介

中島淳一

1956年　横浜市生まれ

浅野学園・学習院大学卒業

茅ケ崎市史編さん委員会委員

元藤沢市文書館長

著書『湘南のお地蔵さま』

続 湘南のお地蔵さま

2021年５月15日　発行

定　価　880円（本体800円＋税10%）

著　者　中島淳一

発行人　松川倫子

発行所　江ノ電沿線新聞社

〒251-0025　藤沢市鵠沼石上１－１－１

江ノ電第２ビル７階

TEL 0466-26-3028